Faoi Chabáistí is Ríonacha

Faoi Chabáistí is Ríonacha

Celia de Fréine

Cló Iar-Chonnachta
Indreabhán
Conamara

An Chéad Chló 2001
© Cló Iar-Chonnachta Teo. 2001

ISBN 1 902420 37 3

Obair ealaíne an chlúdaigh: *Susanna and the Elders* le Daniel O'Neill as bailiúchán Frank X. Buckley in Áras na Scríbhneoirí i mBaile Átha Cliath

Dearadh clúdaigh: Tom Hunter

Tá an t-údar fíorbhuíoch den Chomhairle Ealaíon a bhronn sparántacht litríochta uirthi i 1997 le cuidiú léi an saothar seo a chur i gcrích.

Bord na Leabhar Gaeilge

Tugann Bord na Leabhar Gaeilge tacaíocht airgid do Chló Iar-Chonnachta

Faigheann Cló Iar-Chonnachta cabhair airgid ó

The Arts Council An Chomhairle Ealaíon

Clóchur: Cló Iar-Chonnachta, Indreabhán, Conamara
   Fón: 091-593307   **Facs:** 091-593362   **r-phost:** cic@iol.ie
Priontáil: Clódóirí Lurgan, Indreabhán, Conamara
   Fón: 091-593251/593157

Do Jack an leabhar seo

Clár

I

II

III

IV

I

Ocras

Ar a mbealach abhaile
ón gcogadh
stadann triúr saighdiúirí
ag feirm theorann.

Cé go bhfuil an bia gann
cuireann fear an tí fáilte rompu
is ullmhaíonn a iníon *tortilla* ollmhór
a dháileann orthu le hionam.

Le titim na hoíche tuigtear di
go gcaithfear an t-ocras eile a shásamh.
Tógann chun na leapa léi an scian
a úsáidtear le muca a mharú.

Leathann boladh leathair is cac capaill
ón gcéad saighdiúir.
Scríobann an tarna ceann
a haghaidh lena ghuairí.

Grua mhín atá ar an tríú duine.
Ní fhaigheann sí óna croí
é a mharú agus, toisc a óige,
is air a bhíonn an t-ocras is mó.

Biabhóg

Is í bandiabhal mór na foraoise í
mo thuathmháthair. Seasann sí fiche troigh
os cionn goirt bhiabhóige, cabáiste Dúitseach.

Dorcha a haghaidh, níos dorcha ná goirme
na spéire, áit a ngoileann réaltaí ar aibhneacha,
ar locha, is ar ghaothscáth mo chairr.

Mura mbeadh an oiread sin deifre orm
dhruidfinn amach ar an ngualainn chrua
is d'fhanfainn ann go mbainfeadh sí aisti mé.

D'fhéadfaimis beirt toirc a fhiach san fhoraois
is istoíche d'fhanfaimis tirim
faoi chaipíní sonais na nuabheirthe.

Stórtha arda

Tá áthas ar Aingeal gur chuimhnigh sí ar a lapaí.
Agus is mór an áis di freisin, a culaith chait dhubh.
I dtosach bíonn imní uirthi eitilt róghar
don ghealach ar eagla go ndiúgfaí a cuid fola.
Is rud amháin é eitilt le linn taibhrimh –
ar an saol seo is gá iarracht níos déine a dhéanamh.

Dein dearmad ar mheáchan do choirp,
a deir sí léi féin. *Sín amach do ghéaga*
ar nós curaidh céad méadar sa snámh brollaigh.
B'fhéidir gurb é seo an t-aon seans a gheobhas tú.
Ní theastaíonn uait fás suas i sluma,
fiche stór in airde. Gan chrainn. Gan jab.

Le héirí na gréine gabhann thar abhainn
is tugann faoi deara dallóga liathdhearga
ag bolgadh as díonteach. *Caith do shúil*
thairis sin, a mholann di féin. Laistigh
stacaí leabhar, dealbha ón Oirthear.
Is ón urlár mailpe croitheann a scáth chuici.

Deirtear go bhfuil mé as mo mheabhair

Chuile uair a rinne sé cith
d'oscail mo mháthair scáth fearthainne
os cionn bhord na cistine
ach ó am go chéile
rinne braonacha báistí
a mbealach isteach i mo ghránach.
Plinc. Plinc. Fizz.
Ar nós an fhógra le haghaidh Disprin.
Bhíodh stór díobh faoinár lámha –
dúirt sí gur liomsa na cinn bheaga phince.
Shlog mé lán an bhuidéil díobh, oíche –
a mblas in aghaidh mo charbaill
mar a bheadh céad seirbit phingine.
Nuair nár dhúisigh mé i gcomhair na scoile
níor rith sé léi imeacht de rúid amach
chuig an bhfón, nó mé a bhurláil chuici
agus imeacht sna featha fásaigh
síos chuig stad na dtacsaithe.

Rupert Béar

Thagadh an tromluí céanna uirthi
agus í ina girseach. Bhí a fhios aici go maith
cad ba chúis leis – leathanach ina leabhar Rupert,
an leathanach a léirigh saotharlann
an ollaimh urchóidigh a bhí tar éis Rupert
a fhuadach. Ní raibh faitíos uirthi roimh
an ollamh féin, is ní faoi fhuadach a bhí an tromluí.
Ba é eagar a threalaimh aimrid a scanraigh í –
fiala is sorcóirí, tonnadóirí is cruinneoga.
Taibhríodh di gur galaíodh í i scamall glas
a shéid anonn is anall gan stop.
Blianta ina dhiaidh sin tháinig sí
ar a leithéid de chóras i siopa mangarae.
Gan cur as do nead amháin damháin alla,
thug sí abhaile é, is thóg ar bhinse
pollphéisteach i mbothán ar chúl an tí.

Solpadeine

Ní bheidh Raghnallach mar an gcéanna
go deo arís tar éis ar tharla inné –
bhíos féin is cara liom ag baint suilt
as ár lón, go deas réidh, nuair
a tháinig radharc eadrainn – Will Ladislaw
is é ag luí isteach ar phláta uibheacha.
Gléasta go neamhfhoirmiúil i ngorm
na péacóige, chuir sé na seanlaethanta
i gcuimhne dúinn. D'fhiafraíomar de
conas a tháinig sé slán as an deoraíocht.
Agus cad a tharla nuair a shiúil sé amach,
faoi dheireadh, le Baintreach Casaubon?
Ní raibh drogall ar bith air labhairt go cneasta
faoina namhaid sular thóg lasán ar iasacht
is d'iarr leigheas a phóite.

Nuair a fritheadh seoda i dTír Chonaill

Bhorr an geilleagar. Tógadh
bóithre leis an gciste Eorpach
chomh fada le béal na mianach
is láithrigh cathracha thar oíche.

Sar i bhfad tionscnaíodh airgead úr –
leathphinginí buailte le rúibíní,
réalacha ina raibh diamaint ag lonrú.
I dtosach charnadh moneolaithe na píosaí nua

ach lean an mionta á gcaitheamh amach.
Scótráladh mná áirithe seoda as a mboinn -
rud a bhí amaideach, dáiríre,
mar bhí daighsíní á n-ardú leat i ngach áit.

Ba é an tráthnóna rogha ama Priscilla –
b'ansin a bhailíodh sí a dá leathphingin sóinseála
ón tiománaí bus, ag scaobadh ceann isteach i ngach glac,
a mbraislí ag pléascadh in aghaidh a bos.

Mhuirníodh sí iad fad bhealach an lána
áit a mbíodh an t-aon lampa gáis briste
iad ullamh aici chun aghaidh aon duine
a choisigh taobh thiar di a scríobadh.

Iníon Jephthah

Gléasta i sciorta ildathach
le hIndiaigh is Eiscimigh
go haisteach i stríoca thart air
ghlac sí chuici a tambóirín
is thosaigh ag rince go mall réidh.
Timpeall is timpeall a chas sí,
a cosa á ngreadadh fúithi
gur éirigh cith drithlí
ón gcosán eibhir.

Stop olagón géar ina stangaire í –
a hathair ar a bhealach abhaile
ón gcasaíne, é ag satailt ar a hata ard,
a scaif shíoda á stróiceadh aige.
Níos déanaí chuala sí
gur chuir sé geall is gur chaill –
go n-ofrálfaí mar íobairt
an chéad duine a d'fháilteodh roimhe
ar shroichint an bhaile dó.

Chuir sí ina luí uirthi féin
go raibh súil aige leis an gcaptaen mara
ón árasán thuas, nó leis an bhfear dóiteáin
ón árasán thíos. *A iníon,* ar sé, *cén fáth*
go bhfuil tú ciontach sa chrá croí seo?

Cineáltas strainséara

Ar eagla go gceapfá
nach ndearna sé tada fiúntach
lena shaol, nó gur fhág a ndearna
fallaing nach bhféadfá
a chur díot go deo,

smaoinigh ar an oíche sin –
é ag filleadh go déanach,
fear ag scairteadh anuas
ó thionóntán a bhí trí thine
ag impí air breith ar bhabaí,

agus cuimhnigh ar an áit sin
sa chathair ina ndeachaigh créatúr
in aois gan a fhios aige
cérbh é an strainséir
a d'athbhronn a bheatha air.

I have trodden the wine press alone
(I ndiaidh pictiúir le Mainie Jellett)

B'fhéidir go gceapfá
gurbh fheartlaoi oiriúnach é seo
murach gur Críostaí tú.
Táim sásta leis an bpictiúr féin –
an tsiméadracht faoi
mar a bhí ar intinn agam,
an dath ar fheabhas –
dóthain den dearg ann
le gúna báite i laíon a léiriú.
Bíodh sin mar atá,
má tá taithí agat ar an mBíobla
aithneoidh tú
gur fís as an Apacailipsis
atá i gceist anseo:
ní dheintear colún salainn
de bhean aon fhir;
ní fhaigheann an coileach
seans scairt amháin, fiú, a ligean.
Is gá don Tiarna Dia
satailt ar an gcantaoir fíona
lena chosa féin –
tá sé chomh haonarach sin –
ag brú faoi sháil
gach éinne a thug masla dó.
Ní fíonchaora
a chuireann dath ina ghúna.

Má athraíonn tú d'intinn

Beidh fuinneog i gcónaí suite
sa seomra folctha,
cuirtín *walk-thru* go minic uirthi,
ag fáiltiú romhat dul in airde ar an leac
is do chosa a bhreith leat.

Dála an scéil, oirfidh sé go maith
más i mbungaló atá tú,
nó beidh ort scinneadh síos
ar an ngáitéar, nó tuirlingt trí ghéaga crainn,
ag salú do lámh, ag milleadh do ghúna,

sa treo is go mbeidh sé dodhéanta
filleadh ar an gcóisir.

Stiúgtha

Tá an t-uachtar géar im *fajita*
á chumasc leis an líomóid
is leis an tarsann
is ag leá ar bhibe stáirseáilte
mo rogha léine bhán
áit a gcruthaíonn sé
eochair ollmhór.
Faoi mar atá
déarfainn nach bhfuil
amhras ar bith
ar na haíonna eile
céard í mo ghairm.
Í sin is cúis
leis an *tuxedo*
is le bríste
na bhfilltíní pinn luaidhe
atá á gcaitheamh agam
i dteas chomh tíoránta sin
go bhfuil na seinnteoirí eile ceoil
tar éis titim i mbun a gcos,
mar aon leis na cuileoga,
a thagann chuig an mbialann seo
chun bású inti, is a n-uaigheanna
a dhéanamh i gcearnóga cuiríní.

Veidhlíní

Leagtar amach na cónraí ó bhonn go baithis
in amharclanna, hallaí ceolchoirme, is gailearaithe.
Luíonn na healaíontóirí uilig síos gan bhanrán,
seachas veidhleadóir aonarach a sheinneann go seasmhach
go mbaintear a bogha di is go ngreamaíonn
feidhmeannach as an ngiomnáisiam an clár le tairní.

Glantóir mise, a iarrann dánta a chasann im chloigeann
a chur de ghlanmheabhair. Dreasaíonn éacht
an veidhleadóra mé chun comhghleacaithe is comharsana
d'aon mhianach a chruinniú. Agus ag breacadh
an chéad lae dár saoire éigeantach ar bord línéar
na n-oibrithe, dreapaimid ar an mbacainn chosanta

is tumann le chéile san fharraige fhéithchiúin.
Iad siúd is lú a mbím ag súil leo a thagann
ar uachtar arís. Diurnaímid guaillí a chéile,
muintearas aisteach, sách anghrách, eadrainn.
Ag speachadh cúir, snámhaimid ar gcúl
isteach i réalt a chumaimid gan locht.

Ar mhuin an albatrais

Ar an tríú lá láithrigh créatúr draíochta os cionn
na loinge. Scáthaigh sí a súile óna lios órga
is é ag teacht d'fhoighdeán anuas ar an ngob.
Rad na mairnéalaigh tarcaisní chuige.

Smaoinigh an cócaire go mbeadh sé sách mór
leis an gcriú iomlán a chothú go ceann seachtaine
murach a ghné righin – bhí a ngumaísiúd
seargtha, a gcuid fiacla ar bogadh.

Dar leis an mionoifigeach, bholgfadh
a chuid cleití cuilt nó dosaen babhstar
ar a laghad, ach amháin go mbeadh
na dealga ag gobadh amach astu.

Lean an díospóireacht ar feadh an lae agus thar
oíche. Le héirí na gréine scréach mairnéalach
mullaigh: *Maraigh agus báigh an bodach
nó tarraingeoidh sé drochrath orainn.*

Na vótaí á gcaitheamh acu, dhruid sí
i leith an fhara is thug faoi deara
súil chlé an éin á caochadh uirthi –
é sin, nó leid á tabhairt aige di.

Scar sí a cosa thar a churcaí uachtarúla
is neadaigh a glúine isteach ina chosa cleite
gur mhothaigh cuisle a chroí ag preabadh,
is an bheirt acu ag éirí i dtreo na gréine.

II

Faoi chabáistí is ríonacha

In ionad bláthanna a bhronnadh ar a bhean
agus é i mbun tochmhairc, d'fhrasaigh Risteard
bronntanais ar a máthair. I dtosach
tháinig na málaí plaisteacha, ansin na saic,
iad lán le glasraí a d'fhás sé féin is a athair.
Leasaithe go nádúrtha. Uiscithe faoi scáth
na hoíche i rith an triomaigh.
Turnapaí ar aon mhéid le do chloigeann.
Prátaí Rí Éadbhard as ar deineadh
na sceallóga ba shúmhaire. Cabáistí
sách leathan le ceathrairíní a cheilt.
Ní raibh bean Risteaird ag súil le ceathrairíní –
iníon a leanbh sise, í tugtha go mór
do fhrithbhualadh na glúine, ar nós a máthar.

Airnéis

Faoi áirse an mhíle olagón
san áit a bhfuil an t-uisce is doimhne
plódaíonn anamacha na nua-mharbh
ag iarraidh imeacht leis an sruth
a iompróidh amach chun na farraige iad.

Ach i dtosach ní mór dóibh
gabháil thar Ros na Réisce
áit a gcritheann síobóga gaoithe ón Rúis
agus a dtreabhann fir an mhallmhuir
ar thóir óir is airgid.

Agus uaireanta nuair a éiríonn an ghaoth
nó a imríonn an dúlra cleas éigin eile
greadann na treabhdóirí i gcoinne na n-anamacha
agus, toisc go moillítear iad siúd,
mallachtaíonn siad cuardach na maoine.

Ach leanann na fir leo
go bhfuasclaíonn siad fáinne diamaint
nó trilsín saifíre ón sloda.
Agus níos déanaí in áit éigin faoin mbaile
géilleann girseach don fhear a gheall an domhan di.

Tar chuig an damhsa

Ag an damhsa dearbhaíonn gach éinne
gurb é Dáibhí, nó Dónall, a ainm,
ach tugann sise Draoi air
mar oireann sin go dearfa dó.
Damhsaíonn siad timpeall is timpeall arís
go ngéilleann sé dá rithim.

Ach de réir mar a imíonn an oíche thart
tuigtear di go bhfuil sé ina chodladh
is nuair a mhoillíonn sí a coiscéim,
plabann a chloigeann anuas ar a gualainn,
áit a luíonn sé gan ghíog.
Ní mór do thriúr fear é a iompar chuig a charr.

Ag siúl abhaile go fánach di
roimh bhreacadh an lae,
tagann ar chompántas cleasaithe.
Tugann faoi deara mo dhuine ina measc
ag casadh pláta ar bharr bata – é seasta ar a smig
atá sáite amach aige os comhair an tsaoil.

Cóisir bhainise

De réir dealraimh tá an bhialann galánta go leor
lena brait bhána bhoird agus a fáideoga.
Suímid le hais na fuinneoige
os cionn an *place*, áit a bhfuil
rianta ráillí ag trasnú ar a chéile.
Deirtear go mbíonn corrthram fós ag rith.

Anraith ochtapais atá ar an mbiachlár,
anraith a ithimid le rollóga chuile lá,
mé féin agus an fear seo. Sílim go bhfuilimid pósta –
bhí muid páirteach i saghas searmanais níos luaithe.
Nach aisteach mar a thiteann amach – an bealach
a ndeachaigh mé i dtaithí ar bholadh fualach an anraith?

Glantar na boird uilig
seachas ceann amháin eile
a bhfuil fir i ndungaraithe ina suí thart air.
Ní thaitnímid leis na fir seo –
níl a fhios agam cén fáth.
B'fhéidir nach maith leo ár gcuid éadaigh

nó dath ár gcuid gruaige
nó an chaoi a mbíonn an fear
ag stánadh isteach im shúile,
a mhéar fhada á síneadh amach aige anois is arís
ag iarraidh teagmháil liom.
Deirtear gur cheoltóir é, tráth.

Brúnn na hoibrithe miotaí aráin
is caitheann chugainn iad.
Ní bhacaimid leo go smeachann siad
cipíní chuig ár bhfáideog.
Greadaimid linn ar thóir áite
ina mbeadh milseog an gheimhridh ar fáil.

Ag gluaiseacht leis an gceol

Níor bhaineadar an oiread suilt as is bhí siad ag súil,
is iad ag bualadh craicinn le Beethoven a Naoi.
B'fhéidir gurbh é an cúlbhrat a bhí ag cosaint a coirp
ón urlár ba chúis leis – uigeacht gharbh air,
ainneoin a radhairc thréadaigh. Cúlbhrat
a úsáideadh mar radharcra in *La Nozze di Figaro*,
Così fan tutte, nó aon cheoldráma ar fiú trácht air.
Radharc i ndiaidh radhairc péinteáilte is athphéinteáilte
gach séasúr ag Ned, an bainisteoir stáitse. Ned,
ar chóir dó gach príomhpháirt a ghlacadh –
cé a d'oirfeadh níos fearr mar bhearbóir Spáinneach,
nó mar amadán Iodálach? Agus Eibhlín dubh
a d'ísligh na soilse, ag ligean dó sleamhnú isteach
is amach gan aird in éide dhubh an ghiolla stáitse.
Ní raibh dubh á chaitheamh aige anois. Ná aicise.
Agus cé go ndearna siad iarracht
gluaiseacht le rithim an cheoil, ba ghearr
go bhfuaireadar amach gur thóg gach *crescendo* rófhada.

Seal i dteach Heinrich Böll

Ar maidin ar mo bhealach amach leis an níochán
bhain Gearmánach geit asam.
Níl a fhios agam cé againn ba mhó a bhí scanraithe –
eisean a bhí ag súil le teach folamh
nó mise, a ceistíodh i dteanga iasachta.

Ní fheadar arbh fhear léinn é
nó gnáthfhear a oileadh ar Heinrich Böll?
Níl mórán cur amach agam
ar shaothar an fhir mhóir
ach táim ag dul i dtaithí ar a bhealaí beaga –

cupán tae ag an bhfuinneog,
á sháimhriú ag luascadh na ndeor Dé.

Saolaí

Dúnann agus boltálann tú
na comhlaí
ach sileann an solas isteach
idir fhráma na fuinneoige agus an balla.

Agus leis an solas tagann
an t-aer – é chomh milis
le port ar an liúit – isteach i seomra
atá glas nó a bheidh

a luaithe a chríochnaíonn na péintéirí
dóibeáil na mballaí ócair
atá in anchaoi de bharr na báistí
is an tsneachta, gan trácht ar an splanc

thintrí a tháinig de rúid isteach
agus a mharaigh Sir Henry
é ag luí isteach ar phláta fiafheola.
Ó shin i leith táimid ag lóisteáil

ár gcíosanna ina chuntas
agus ag rá leis na comharsana,
nuair a chuireann siad ceist,
sea, gan dabht, beidh sé ar ais faoi Nollaig.

Pinc

Bronnann sé orm cúpla pota criadóireachta
atá ar tí brúchtadh le geiréiniamaí
agus is dóigh leis go mbeidh mé buíoch.

Cuirfidh siad dath sa ghrianán, ceart go leor.
Beidh ionadh ar Iníon Óg bhéal dorais
ní-leáfadh-im-ina-béal,

is déanfaidh a cat mothallach
a dhea-mheas a chrónán.
Níos mó oibre a bheidh i gceist, ar ndóigh –

beidh orm fanacht im shuí go déanach
ag athaistriú na mbuicéad báistí.
Go deimhin, ní fiú dul a luí anocht in aon chor.

Faoi mar atá, is fuath liom dul thar sheomra
an chúltí – cuireann sé i gcuimhne dom
an áit inar chodail mé nuair a bhí mé óg.

An uair dheiridh a d'osclaíos an doras
d'eitil thart ar dhosaen lócaistí amach,
a sciatháin phince oirnéalaithe le hogham.

Les Pierrots

Go tobann coipeann cuaifeach –
an mar sin a deirtear é?
Fiafraím den fhear atá taobh liom an bhfuil
na haisteoirí ar bord an luaimh slán

agus deineann sé miongháire.
Is fear é nach bhfacas le blianta,
fear a bhfuil dúil aige san fharraige –
de réir m'eolais.

Ligeann na haisteoirí scréach astu
ag cromadh dóibh
nuair a chasann an bumba thart –
bhí sé sa scríbhinn, tar éis an tsaoil.

Is cuma sa tsioc leis an lucht féachana.
Imíonn an fear as radharc,
é féin agus a mháthair ag iarraidh
dídine sa siopa mangarae is cóngaraí.

Tá braonacha báistí ar mo mhala,
lascadh na gaoithe in aghaidh mo dhroma.
Cuirim orm cóta, oirnéalaithe
le dáilianna dearga is corcra.

Cúraimí

Cinnte, tá mé in ann eadarbhuasú
is ea a insím don fhear
a threoraíonn chuig an tsraith tacsaithe mé.
Má tá tú in ann eadarbhuasú, ar seisean,
tuige nach ngreadann tú leat abhaile –
níl ann ach ceithre mhíle
má théann tú díreach trasna na spéire?

Tá sé deich i ndiaidh a haon déag ar maidin
agus tá na tiománaithe uilig ar a mbriseadh.
Tá mé in ann é a dhéanamh, a fhreagraím,
ach ní dóigh liom go bhféadfainn eitilt
ar feadh an achair sin.
Spáin dúinn ar aon chaoi,
is ea a deireann siad d'aon ghuth.
Tá an chéad triúr nó cheathrar

acu tar éis teacht as a gcarranna
agus mar chomaoin orthu
beirim ar dhorn an chéad fhir
agus éirím in airde go mbím
sínte sé throigh os a chionn.
Ba bhreá liom fanacht ar foluain anseo
cac an domhain thíos fúm

ach bheadh na gasúir ag éirí uaigneach,
agus cé a ghlanfadh na téada damháin alla
de shíleáil an tséipéil?

Nua-Amstardam 1664

Ní hiad an fuacht is an t-ocras amháin
a chuireann as dom, ach an imeagla
atá ar iompar im ghoile agam.

Is cluiche contúirteach é an marthanas –
tá a fhios aige nach mór dó a dheartháir
a mharú. Agus tá a fhios sin ag a dheartháir.

B'fhearr liom sá ón lann chruach
ná cur suas le fear difriúil.
Táim imníoch i dtaobh na ngasúr.

Rath is bláth atá ar an gcailín is óige
ach tá an duine is sine – an-oibrí í –
tar éis éirí tinn. Lasmuigh sneachta séidte.

Scaoileann an muscaed maidhm úr anuas.
San athbhliain beidh uafás eile ag teannadh linn.
Druidim mo chiste dóchais chun dorais.

Tá an leanbh níos tinne anois, is fuar.
Beirim greim docht uirthi, gan a bheith
ródhocht. Diabhal sólás atá sa doichte.

Dréimire Jacob

Is furasta go leor iad a aithint –
na haingil a díbríodh as na flaithis:
bíonn preab faoi leith ina gcosa ag cuid acu
is lámh mhaith acu ar an leadóg
nó ar an gcispheil –
cluichí a thiomáineann suas iad
mar a bheidís réidh le heitilt
ach gach uair a fhaigheann siad
lán a mbonn den talamh
cuirtear a bpeacaí i gcuimhne dóibh;
bíonn cuid eile acu i dtaithí a ndualgas –
an fear déirce nach féidir a thart a shásamh,
an bhean Afracach nach ndeineann
a bhfuil ina crúiscín uisce cúis riamh.
Anois is arís tugaim faoi deara
cruth aisteach ar na néalta
agus má ardaím chun léis
píosa cairtchláir
a bhfuil poll curtha agam ann,
is beag nach féidir
rungaí dréimire a dhéanamh amach,
iad forshuite ar bhalla na cistine.

Oirfidigh

Ar ár mbealach abhaile
stopann m'iníon is mé féin
chun breathnú ar chompántas taistil.

Buaileann an soprán na nótaí is airde.
Deineann na fir pionsóireacht
sna cluichí is contúirtí.

Ach tá a fhios againn gur gliocsálaithe iad
mar aithnímid Peadar as an ollmhargadh,
Karen as an sciamhlann.

Gach oíche as sin amach gabhaimid bealach eile
ag gearradh trí Lána na nDúnmharuithe
nó faoi Dhroichead na dTrasghunnaí

ach fós castar na hoirfidigh seo orainn.
Breathnaímid orthu agus ligimid
gártha molta asainn go dtuigtear dúinn

go bhfuilimidne freisin ag aisteoireacht –
buaileann mo ghuthsa na nótaí is airde, cruthaíonn
méara a cos-sa na stuanna is cruinne.

Bhí cogadh ar siúl

Seo mar a tharla: bhí an bus
ag treabhadh trí chathair na gcnámhóg,
is mé tar éis an líne a thrasnú ar thóir soláthairtí –
feoil is glasraí, an stuif a nglacann tusa
leis a bheidh i gcónaí sa chófra.

Díreach sular shroich muid an fásach
ionsaíodh sinn ag cúpla meirleach
a bhí ar lorg duine éicint
le heiseamláir a dhéanamh de.
Ní raibh de rogha acu ach mise

nó file piteogach, óg ach sách maith.
Agus, a Gracie, níorbh é mo scéal féin
a scinn os comhair mo shúl,
ach aisling dá dhánta díreacha,
dánta grá, is aortha,

ag léim de rolla ollmhór páipéir,
an sórt a fheictear i siopa an bhúistéara.
Rachaidh mise, ar seisean
le fear na harmailíte.
Tá gasúir ag an mbean seo.

D'fhill tú, a shaighdiúir

Nach cliste mar a tháinís orm – an tslí
inar chuimhnís go raibh mo chol ceathar
fostaithe ag an adhlacóir is í i mbun smididh.

Bualaimis le chéile sa phictiúrlann
ar a hocht – an tríú Pullman dúbailte
ón gcúl. Aithneod thú, fiú má tá d'fholt

tar éis maolú go baic do mhuiníl,
nó más é do bholg a dhruideann
chun tosaigh ag fáiltiú romham.

Thuigís riamh gur chuma liom faoin gcruth
a bhíodh ort – gurbh é d'éileamh go gcaithfinn
mo sheaicéad comhraic a ghoilleadh orm.

Mar a tharlaíonn, tá gúna a osclaíonn
chun tosaigh á chaitheamh anois agam
is tá stocaí níolóin ar ais san fhaisean.

Fear sa teach

Nuair a d'fhill sé ón gcogadh
bhí ionadh agus náire ar a bhean.
Rith sí suas an staighre chun braillíní lín
a leagan ar an leaba agus chrith sí níos déanaí
nuair a scaoil sé a cuid trilseán.
I rith na hoíche dhúisigh sranna troma í.

Las sí an sorn go moch ar maidin
agus ar feadh an lae bhain a ghéaga sínte
tuisle aisti. Leath deatach tríd an gcistin
agus chuir ag casachtach í. Ní hamháin
go raibh a chos tar éis crapadh dhá mhéid,
ní shuífeadh an babhla maróige ar a chloigeann níos mó.

Geimhreadh

Ní dea-ghiúmar atá orm agus sinn sáinnithe
ag an sneachta le sé mhí anuas,
ná nílim róshásta lena ordú bualadh leis
ag príomhdhoras na Cúirte Uachtaraí.

Tá a phósae ar fheabhas, caithfidh mé
a admháil: tiúilipí, magairlíní, is frísí –
mo rogha blátha – iad ceangailte le sról na péitseoige,
ach maidir lena phóg – cheapfá go mbeadh sé

de bhéasa aige a ghuairí a bhearradh.
Tar isteach inár gcompántas ceoldrámaí, ar sé.
Ba chóir dom iarraidh ort fadó
i seachtó a seacht, nuair a casadh ar a chéile sinn.

A luaithe a imíonn sé, seargann
a bhláthanna ina gceallafán.
Tuige nach dtuigeann sé
nach bhfuil nóta ar bith im chloigeann agam?

Comaoin

Thuig sé go maith nach raibh mé riamh laistigh
de shéipéal. Tuige ar fhág sé treoracha domsa
a shochraid a eagrú? Ní raibh a fhios agam
gur chóir an fíon a dháileadh orthu
tar éis an tsearmanais seachas roimh ré.

Ó tharla go raibh na dlíthe nua óil is tiomána
i bhfeidhm, bhí an-spórt againn agus sinn
ag déanamh ar an reilig. Cuireadh fios ar chuile thacsaí dubh
sa chathair – bhí ar a mháthair chéile
an chéad limisín pinc a chonaic sí a ghabháil

is cé a bhí ann ach an breitheamh
a chuir faoi ghlas é? Giúmar ait a bhí ar an slua
faoin am ar shroich muid an áit –
a mbéal ar leathadh ag cuid mhaith uaigheanna,
is chuile dhuine ag iarraidh amharc isteach iontu.

47

III

Anamchairde
(i)
An bhean chaointe

Táim ag caoineadh anois chomh fada
agus is cuimhin liom,
cé gur dócha go raibh mé óg tráth –
seans fiú amháin go mbínn ag súgradh.
Ní cuimhin liom an t-am sin
ná an ghruaim a chinn an ghairm seo dom.

Ní cuimhin liom ach oiread
éinne den dream
atá caointe agam –
ní dhearna mé taighde ar a saol
ná níor léigh mé cur síos orthu
i gcolún na marbh.

Ach is maith is eol dom,
gach uair a sheas mé
taobh le huaigh bhéaloscailte,
gur chomóir mé gach saol
go huile is go hiomlán,
gur laoidh mé éachtaí

na nua-mharbh,
is gur eachtraigh mé
lorg a sinsear.
Tuigim anois
go bhfuil na caointe seo
tar éis dul i bhfeidhm orm.

Dá mbeadh jab eile agam
ba bhreá liom bheith im scéalaí –
suí le hais na tine is scéalta a insint.
D'éistfeá liom – tharraingeodh
d'Eddifón asam iad,
á n-alpadh sa treo is go slánófaí mé.

(ii)
An slogaire peacaí

Ar feadh na mblianta thugainn faoi deara
mar a chuireadh sé a hata ard
agus a chasóg eireabaill air
agus a théaltaíodh leis isteach san oíche
gach uair a d'éag duine ar an mbaile.
Níos déanaí d'fhilleadh sé,
boladh na dí ar a bhéal,
bonn snasta ina phóca.

Nuair nach raibh mé in ann
an greannú a fhulaingt níos mó
is a bhí orm an scoil a thréigean,
cheannaigh sé leabhair dom is dúirt:
'Ní thig liom tú a theagasc, a mhic,
níor mhaith liom tú a chur
ar bhealach d'aimhleasa.'

Thug mé faoi deara
dul chun cinn mo leithéidí –
Maoilsheachlainn ag gearradh
an éadaigh i siopa a athar,
Pádraig ag dul i dtaithí
ar thréithe an fhíoncheannaí.

Focal eile níor labhair muid
go raibh sé sínte ar leaba a bháis.
B'ansin a mhínigh sé
gur éag mo mháthair
tar éis dó filleadh an chéad oíche
agus barróg a bhreith uirthi.

Ghlac mé chugam a chuid éadaigh.
Amach liom, is shuigh os comhair an dorais.
D'ith mé a pheacaísean,
peacaí mo mháthar,
peacaí mhuintir an bhaile
a bhí imithe ar shlí na fírinne –
aithreacha Mhaoilsheachlainn
agus Phádraig san áireamh.
Is thuig mé do mo chairde.

(iii)
Anamchairde

Chuir mé suntas inti ag an tsochraid.
B'ise an t-aon duine eile a bhí ann,
seachas iompróirí an bhrait bhróin.
D'éist mé leis an gcur síos a rinne sí
ar a shaol is ar shaol mo mháthar.
Thug mé cuireadh di filleadh i gcomhair tae.

Bhí drogall orm glacadh lena chuireadh.
Ní raibh mé ach ag déanamh mo jab.

Bhí a fhios agam go raibh
m'anamchara aimsithe agam
ach níor theastaigh uaim
lámh a leagan uirthi.

Ghlac mé chugam é is d'airigh sé
an t-ualach uilig ag éalú uaidh.

IV

Cluiche, cor agus comórtas

San adhmhaidin agus an ghrian sách ard –
cé nach raibh sé de dhánacht ag éinne
speiceáil trí na dallóga
gan trácht ar ghabháil thar bráid –
bhuail an bheirt acu le chéile
ar an droichead crochta.

Thug sí léi an liathróid, á bocáil
agus a bealach á dhéanamh aici tríd an lárlána.
Dhruid seisean isteach ón mórthír
ag baint seabhráin as an dá raicéad
mar a bheadh ag seiceáil neart na bpionsaí
i gcomhrac a throidfí ar a son, dá mairfidís fadó.

Mar ba ghnách, lig sí dó an chéad chluiche a bhuachan –
fifteen love, thirty love – mar a bheadh ag insint dó
nach raibh aici le tairiscint ach grá
agus gurbh ionann sin is tada.
Ansin ghlac sí an lámh in uachtar,
an tuiscint aici nach raibh acu ach liathróid amháin

agus toisc gurbh í an ceann deireanach a dhéanfaí í,
nach bhféadfadh sí buille eile a chailliúint.
Eisean ach oiread.   Faoi chlapsholas
bhí an liathróid tar éis éirí maol,
gan fonn preabtha inti, agus drogall ar mo dhuine
í a chur ar ais chuig a cúirtse.

Ábhar ealaíontóra

Sníonn an abhainn eadrainn
agus sinn ag obair.
Breathnaíonn seisean ar an sruth,
scrúdaíonn conas a níonn
an t-uisce gach púróg.
Éiríonn an leibhéal anois is arís
ach ní sách ard riamh
leis an áit ina bhfuil sé ina shuí a thaisriú.

Sórtálaim na héadaí –
tada nua-aimseartha:
gúnaí, brístí, léinte –
a ndathanna róghairéadach
lena gcaitheamh.
Agus fós scrúdaíonn seisean an sruth,
ag scairteadh anall
conas é a léiriú ar canbhás.

Bean mhór í a bhean –
í gleoite le muince veilbhite,
gúna broicéid. Um thráthnóna
ceannaíonn sí deochanna dúinn
is sicín i gciseán.
Is nuair a imím abhaile ar saoire
is ea a fhoghlaimím conas péinteáil.
Ní habhainn ach canáil a leanaim

ó dhroichead go droichead.
Ar mo ghogaide, ar gach uchtbharr
oibrím le huiscedhathanna,
ag meascadh glasanna is gormacha,
ag smearadh is ag cuimilt
go mbíonn mo shaitsil lán is go bhfillim air.
Cuireann sé cluain orm,
a bheola taise ag smúrthacht ar mo shrón.

A Chlarissa, a chara

Tá a fhios agam gur chóir dom a bheith buíoch díot as d'árasán
agus do jab a thabhairt dom ag am mar seo, ach nílim
cinnte fós faoin tuairim atá agat fúm, agus tá imní orm go
mbainfear de mo bhoinn mé. Ós ag caint air sin atá, ní mór a
lua go leathann an mata atá os comhair an tinteáin de bheagán,
gach uair a bhogaim é. Maidir leis na rósanna atá ag fás as na
cúisíní – táid tar éis éirí tirim agus liobarnach. Ar chóir dom
iad a uisciú, nó a chaitheamh amach?

Beidh áthas ort a chloisteáil go bhfuil caoi réasúnta curtha agam ar
an gcistin. Tá an crann leis na cruinneoga tréshoilseacha faoi rath,
ach is oth liom go ngoilleann an páipéar balla dúghorm
le fríos na Beithile orm, agus mé i mbun béile.

Dála an scéil, déanfaidh sé féin cúis.

Le grá mór,
Ernestine

Fabraic is cluasa cránacha

Ní mór dom deireadh a chur
le mo chuairteanna ar an mbaile –
inniu casadh seanchara scoile orm,
bean ár gcomhairleora áitiúil.
Úsáidim corcscriúnna chun
mo chuid gruaige a chaisniú, ar sise.
Agus, goitse, seo rásúir réadúla
atá ar crochadh as mo chluasa.

Ba thábhachtach é an cur i láthair, tráth,
am a mbíodh boladh nuadhéanta
ar ár gcuid éadaigh. Ba bhreá liom
úire an cheaileacó a aireachtáil,
éisteacht le siosarnach an tafata.
De réir tuairiscí táid tar éis
cornán línéadaigh a thabhairt
chun solais ar an taobh eile den bhaile.

Geallaim feisteas nua don fharantóir
má thógann sé sall is anall mé. Tá na scuainí
a chruinníonn ag mo shíbín dearmadta agam,
mar aon le sparáin síoda gan chuimse.

Scibhinseoirí

Ón gcogadh i leith bím ag spailpínteacht.
Cé go mbaineann roinnt babhtála leis seo,
ní insím riamh d'éinne cá bhfuil cónaí orm.

Ag druidim le deireadh na chéad seachtaine
casann cailín orm a bhfuil,
nó a mbíodh, aithne shúl agam uirthi.

Gléasta i riabhóga candaí,
fanann sí liom gach maidin
i mbaclainn an aingil gan chloigeann.

Bailím liom chuig an taobh tuathail
den bhaile, áit a bhfuil níos lú oibre,
is a bhfuil orm scibhinseáil níos déine.

Is anseo a bhuailim le seanchara.
Cosúil liom féin,
tá cuma níos folláine air ná mar a bhíodh.

Ar laethanta áirithe dáiltear na dualgais chéanna orainn.
Imíonn laethanta eile agus ní chastar ar a chéile sinn.
Le titim na hoíche teannann an pobal thart ar thinte –

fir faire iad uilig anois
a chreideann nach neart go cur le chéile
ach ní bhraithimse slán go bhfillim abhaile.

Smaoiním ar mo chara fir
is beartaím nárbh aon dochar
é a thabhairt abhaile.

Le chéile téimid thar an abhainn,
ag stopadh ag an bhfoscadán
le haghaidh porainséar dí – glas agus te.

Luímid le chéile agus ólann sé díom
mar a dhéanadh go minic cheana.
Ní gá dó deifriú abhaile chuig a bhean.

Leigheas na póite

Anois is arís thagadh dán chuici
go malltriallach. *Síos, boy, síos,*
a deireadh sí, mar a bheadh madra ann –
é ag geonaíl chun go dtionlacfaí
chun na páirce é,
ag éileamh go gcaithfí bata isteach sa lochán
chun go n-athghabhfadh sé é, uisce á spré aige
ar theaghlaigh a bheadh ag radadh aráin chuig na lachain –

bodmhadra, arbh ionann
ab fhiú di bóthar faoin tír a thabhairt dó
nó é a ligean chun dearmaid
i gconairt sa bhruachbhaile.
Cén fáth nach créatúr somhúinte é
a shuífeadh lena cois,
a eireaball á chroitheadh aige,
go mbeadh sí ullamh cion a thál air?

Ansin b'fhéidir go bhféadfadh sí
a scíth a ligean, is gan aird a thabhairt
ar na ribeoga a ghreamaigh di
gach uair a lig sí í féin anuas ar a tolg.

Picnic i reilig sa Bhílearúis

Tugaimid faoi deara cé atá as láthair.
Básaithe? Gan ar a gcumas
aghaidh a thabhairt ar athaontú eile?
Leatar brait bhoird, roinntear béigil,
is a luaithe a chasann an garda thart,
rithimid trí ghoirt chuig na fothraigh
ina mbíodh cónaí orainn, tráth.

Cuardaíonn mo mhac seoda idir na cláir
ach malartaíodh gach maoineach cheana féin
le linn geilleagair chomh dubh
leis an múrabhán a thug an matalang leis.
Is í mo mháthair an bhean sa ghúna dearg
atá ag bualadh a cloiginn i gcoinne an chlaí,
ag caoineadh na mbó nach féidir léi a chrú.

Scileanna

Gan teip téann na teifigh chuig Uachtarlann an Leachta
agus fanann ag an haiste ann go dtagann
an tUasal Linlithgow, fear cneasta a bhronnfaidh
ubh nó dhó orthu, ag moladh dóibh ceann amháin
a ithe agus an ceann eile a choinneáil ina lámha.
Teas go ham lóin.

       Ó tógadh an mótarbhealach
éalaíonn an-chuid teifeach mar aon le gasúir eile
a bhíonn ag tabhairt na bó aonaraí abhaile lena crú
nó ag locadh na caorach deireanaí don mhargadh.
Is iomaí máthair a imíonn as radharc sa phortach,
í cinnte nach bhfeicfidh sí a mac choíche.

Cén fáth nach dtugann sí cuairt ar an uachtarlann
áit a mbíonn na gasúir ag téamh a lámh ar uibheacha,
ag foghlaim conas iad a chaitheamh san aer
á n-ullmhú féin le himeacht leis an sorcas?

Trap an tsorcais

Ba chóir go dtuigfinn roimh ré
go gceapfá go raibh ár gcultacha
corcra nua róbhaineann.
Bímis ag súil go gcoimeádfaidh
na sraitheanna seacainí
le chéile do sheanosáin
is do shingléad smolchaite.
Tig le mo líne bhanphrionsa
an fód a sheasamh, mar aon
leis na riteoga mogallacha
a smuigleáil mé thar lucht custaim
ar ár dturas deireanach thar lear.

Éist leis an ngáir mholta.
Conas a thuigfidís
go luíonn púic faoi scáth
do mhiongháire, go mbuaileann
croí cranraithe taobh thiar
des na matáin theanna uchtacha sin?
Tá cleachtadh acu
ar gach cleas sioncrónaithe:
nuair a sheasann tú, seasaim id scáth;
rothlaím nuair a smeachann tú do mhéara.
Ach an chéad uair eile
a luascann tú chugam, seans nach léimfead.

Súilíní

De bharr láine na gealaí is séimhe na haimsire
tá muintir an bhaile tar éis cromadh
ar phicnic a dhéanamh ar an trá ag meán oíche.

Ráiníonn teaghlaigh iomlána ann lena gciseáin
is a gcultacha snámha, a gcoirp á n-airgeadú
faoin solas mar a bheadh débheathaigh a scinneann

isteach is amach as an bhfarraige.
Éiríonn súilíní as an uisce mianra is saoire
ar nós seaimpéin. An blas céanna uaidh freisin.

An t-arán chomh clúmhach go leánn sé id bhéal.
Ní féidir ach leatsa amháin an giosta a bhlaiseadh –
dóthain ann le tú a choinneáil ar uachtar san uisce.

Fuiríonn gasúr ar charraig.
Ar oíche mar seo is ea a théaltaigh a shiblíní.
Níl tásc ná tuairisc orthu fós.

Bliain ina dhiaidh sin tháinig sé ar scuab
déanta as fionnadh róin, lena slíocann sé
a chuid gruaige gach uair an chloig.

Sin é an fáth a gcrochann a choirníní anuas
thar a choim, á chlúdach
agus é ag glaoch a n-ainmneacha.

Seal dá saol

Bhí sí meallta leis an tír – tais ach tirim –
is leis na tithe lena dtinteáin is a gceol
cé go raibh ceol san fharraige
fuinneamh sna tonnta
an fheamainn choiréalach inchurtha
leis na meallta fraoigh
a bhí ag gobadh amach idir na carraigeacha
is leis an bhfeileastram dearg
a d'fhás ar thaobh an bhóthair
ar a bealach chun an bhaile.

Chuir na daoine fáilte roimpi
agus cé go raibh a fhios acu
gur fholaigh sí a clóca
i lochta nó i ngráinseach
gach uair a tháinig sí i dtír
níor deineadh iarracht é a bhaint di.
Agus gach uair a tháinig sí
bhain sí fúithi seal níos faide.
Bhí a fhios aici go dtiocfadh lá
a mbeadh uirthi rogha a dhéanamh –

d'fhéadfadh sí filleadh
fad is a bhí a fallaing aici.
Agus cé a bheadh ag iarraidh
bronntanas a mhilleadh?

Dá hóghanadh

Tagann ionadh ar mhná na háite
nuair nach eol di cad is ógh ann.
Déanfaimid ceann díot, a deir siad,
tar éis di a bheith leo ar feadh bliana is lae.
Dar leo, is féidir le hógh a gunna féin a iompar.
Tig léi suí chun boird leis na fir.
Dar ndóigh, ní mór luach a íoc as an ardonóir seo.

Bíonn luach le híoc i gcónaí, a mheabhraíonn sí,
a cloigeann á lomadh acu,
a malaí á nascadh le peann luaidhe.
Cuireann siad uirthi culaith chomh liath
leis an gclapsholas, an cineál léine
a chaitheadh Garibaldi agus a bhuíon.
Tar éis dóibh imeacht meánn sí an luach atá íoctha aici –

gan luí riamh le fear, gan mac a shaolú.
Feistíonn trilsín thart ar a muineál.

An caipín céanna á chaitheamh aici le cianta

Ní dóigh le bean mhaol na gcos gruagach
go bhfuil sí mítharraingteach in aon chor.
Fanann a cosa te i rith an gheimhridh,
fad is a bhíonn a compánaigh
cráite ag fuachtáin, dóite ag sioc.
Ar an margadh, Déardaoin, méaraíonn a sparán
is í ag siúl thar stallaí seampú, feabhsaitheoirí gruaige.
Fadhb amháin atá aici, teacht ar fhear,
duine le cosa míne a d'fháiscfeadh í,
is cúl ceangailte a bhféadfadh sí luí air.

Máthairtheanga

An lá ar coscadh teanga an tsléibhe
cluicheadh fir na háite
is ceanglaíodh laincisí orthu.

I dteannta a ngnáthchúraimí
fágadh faoi na mná
an fómhar a bhaint.

Ag obair leo sna goirt
d'fhídís le chéile finscéalta
is giotaí as dánta a bhí i mbaol báis.

Agus na laethanta ag sleamhnú tharstu
dhonnaigh a ngéaga, is d'aclaigh
a ngluaiseachtaí faoi chadás a sciortaí.

Nuair a bhí sé in am dóibh tabhairt
faoin turas fada chuig an bpríosún
níor aithin a gcuid fear iad.

Bhorr a mboid faoi bhord na gcuairteoirí
ach níor thug na mná é seo faoi deara
mar nach raibh siad ceangailte níos mó

le seomra bliantúil na breithe.
Agus cuireadh ar fuaidreamh ar fad
coscairí na teanga.

Nuacht

Ní scannán é seo.
Ní éifeachtaí speisialta iad
na lasracha,
ná tinte ealaíne ach oiread.

Gasúir a itheann blúirín suipéir anois –
níos deireanaí beidh orthu
dul faoi obráid
gan ainéistéiseach.

Beidh cuid acu siúd atá ciontach
básaithe – a mná á gcaoineadh
i ngrianghraif
a ghnóthóidh gradaim.

Eisiúint Rialtais

Clampar i gcónaí
sa champa.
Troideanna teorann
i dtaobh buncanna.
Beartanna bia nach roinntear
go cothrom riamh.

Deirtear gur mar an gcéanna iad
na héadaí uilig, ach aithníonn tú
an stróiceadh a dhearnáil tú,
an tsáil a chas tú,
lúbóg a mhaíonn trí ghreim déag
ar an dá fhoirceann –

d'uimhir ámharach,
rud eile atá tábhachtach,
mar aon le haghaidh chróga
a chur ort féin – gan ligean
do na leanaí a fheiceáil
go bhfuil tú buartha.

Tig leat do mhodhanna féin
a mhúineadh dóibh:
braillín a dheisiú –
le huaim fhrancach,
uaim reatha is fáithime,
nó bealach ar bith is mian leo.

Is don aos óg an réabhlóid

Tig leat an cuisne a fheiceáil
faoi mar a d'fheictí sna scannáin –
aisteach go leor ós rud é
go bhfuil an fharraige thart orainn.

Ar maidin bhí sé tar éis leathadh
thar a bhfuil fágtha de Chearnóg an Bhaile –
í neamhchothrom ó leagadh Teach an Ard-Mhéara,
is ar díthógadh bríce i ndiaidh bríce an teach scoile –
áit a bhfuil glasraí a thit as trucailí,
is easair féir na hoíche aréir i mullach a chéile.

Ní thugaimid aird ar an ógfhear – eisean
in éide armtha a ordaíonn isteach
i scuaine sinn. Tuigimid nuair atá
ár ndóthain fulaingthe againn.

Is tú ag brath orthu . . .

Istoíche is ea is measa é –
an áit tite chun ciúnais,
seachas corrchasacht, nó gliog an umair.
Tú tar éis breathnú ar na gasúir
don tríú huair – gach duine acu
soiprithe le béar nó le dineasár,
aingeal an duine ag faire orthu.

Cinnte, bhíodh fir agat –
duine a raibh claonadh liteartha aige,
ealaíontóir ar theastaigh
athbheochan a theanga dúchais uaidh
ach tú a tharraingt nocht roimh ré,
ceoltóir a thit i ngrá leat
toisc gur chuir tú a dheirfiúr i gcuimhne dó.

D'fhéadfá do rogha a bheith agat
ach phioc tú an t-idéalaí.
Éiríonn tú fuar id aonar sa leaba.
Tig leat do ghéaga a shíneadh,
a oiread is mian leat –
níl éinne ann le labhairt leis
nach dtabharfaidh freagra ort.

Theastaigh grianghraf bainise uaithi

Ba chuma faoina gúna, ba ghá a éidesean a leagan amach
agus ós rud é nach raibh sí in ann teacht ar a ghiolla
b'éigean di féin tabhairt faoin gcúram fearúil seo.

Bhí sé sách éasca a bhuataisí a bhogadh
is a shnasú le seile a choinneodh slán
ó scoilteanna iad go ceann blianta.

Scéal eile ar fad é a bhríste bán – tréimhse fhada
a chaith sí á smísteáil in aghaidh na carraige
gur baineadh rian na diallaite de.

Maidir lena thuineach – snigh an fhuil
go hoscailte trína saraiste go raibh sí
chomh geal leis an lá ar leag sí súil air.

Nuair a shuigh sí in aice leis ar an tolg
agus a shleamhnaigh a lámh faoina ascaill
ba bheag nár chreid gur chuala cnámh á díoscadh.

Ach ní raibh ann ach coiscéim
an ghrianghrafadóra ar chlár urláir
agus é ag cúlú roimh phléasc an splancbholgáin.

Ar leac

Tá a fhios acu gur banaltra tú
toisc do stocaí dubha – é sin nó striapach.

Téann tú suas an staighre éalaithe
is feiceann tú é ag cúbadh siar ar leac.

Déanann sé neamhaird díot, a chloigeann
á bhualadh aige in aghaidh saise.

Tosaíonn tú ag canadh, ag crónán ar dtús
go bhfaigheann tú na focail le himpí air

gan é a dhéanamh. Áit éigin i lár d'áiria
caochann mogall a shúile agus is léir

go mbraitheann a bhfuil amach roimhe
ar a bhfuil ráite agat –

má tá do chás pléadáilte go maith
caithfidh tú an chuid eile ded shaol

ar thóir an nóiméid sin, ina bhféadfása amháin
a bhfuil i ndán dó a athrú.

Le chéile is ea a scríobhfaimid an chéad ghníomh eile

Más mian leat toit a chaitheamh i *gcafé* na baintrí,
caithfidh tú suí in aice fhuinneog an ghaothaire –
cabhraíonn sé sin leat má bhíonn tú trína chéile.

Gach oíche tar éis an dráma scinneann bus
thar na céanna, is sceitheann isteach ina hucht sinn
le haghaidh suipéir chócó is chontrabhanna.

Bíonn tú de shíor dod chrá, a deir sí,
nuair a insím di go raibh sé ansin arís anocht –
gan mhairg ar bith air go raibh caibidil dá shaol
á léiriú os comhair beirt nó triúr díograiseoirí.

An válsa

Chuireadh sé iontas uirthi –
an chaoi a roghnaíodh sé an tangó:
an siúl tapaidh tomhaiste,
géarchasadh an chloiginn;
an chaoi a mbrúdh sé siar ar mhaoluillinn í.

Ach bhí sí i ngrá leis
agus nuair a gheall sé an gúna ab áille di –
é déanta as fialsíoda silíneach –
go seafóideach, thoiligh sí
a bheith mar pháirtí aige.

Ní dúirt sí tada
nuair a cheangail sé de chlár ollmhór í
ach nuair a chas sé thart an clár
is chaith scian i ndiaidh scine
chuimhnigh sí ar a chéad bhean

agus ba mhéanar léi
a bheith ar ais ar urlár an rince,
áit a bhféadfadh sí
rothlú i dtreo an vearanda
le fear nach n-éireodh riamh meadhránach.

Iníon Aoife

Is mian liom go dtuigfidh tú
cén fáth a bhfuil
na súile cnó-dhonna sin agat,
súile éiginnte a n-athraíonn a ndath
leis an solas – uaireanta donn,
uaireanta eile glas –
amhail is nach mbeidís in ann
a n-intinn a shocrú, cosúil leatsa.

Tá sé in am duit a bheith cinnte
díot féin: nuair a fhilleann d'fhear
ón gcogadh, glac leis
sula dtógann sé chun na leapa thú.
Ná bac leis an athrú atá tagtha air,
agus nuair a thugtar do ghasúr
isteach id lámha, cuir aithne air
ionas nach ábhar imní duit

ar leagadh duine eile ina chliabhán,
fad is a bhí tú id chodladh.
Tharla sé, tráth,
gur ráinigh feardorcha
an cladach seo,
agus scar rí – d'athair críonna –
nach raibh tada eile le díol aige,
lena iníon shúilghlas.

Móitíf

Bhogadar chomh gar sin dom ar an staighre creasa
go bhféadfainn mo lámh a leagan ar a seaicéid
murach gur bhain an mhóitíf a bhí thart
ar bhun gach ceann acu m'aire díom.

Ní leis an móitíf amháin a bhí mé gafa
ach leis an gcaoi ar cuireadh is ar tógadh
ar an mbréidín garbh í.
Boladh ar bith a bhí ón mbréidín –

ceann ollach, nó múscánta sobalach,
aisteach go leor, mar dúradh
gur baill des na seicteanna
a d'fhan ar gcúl, ab ea na fir seo.

Aird ar bith níor tugadh
ar rince fiáin a mban –
in íoslach an ionaid siopadóireachta –
ná ar a bpáistí gleoite lena dtambóiríní.

Seans go raibh muintir na cathrach
bréan de rince dúchasach.
Seans gur chuma leo mar ar fhan ar gcúl an dream seo
a raibh scil dhiaga *appliqué* ar eolas acu

agus ba chuma ar fad leo faoi charranna uilleacha
na gcuairteoirí, ar athmhúnlaíodh ar charbaid iad,
a bhí ag fanacht leo ar an bpríomhshráid
ag carnadh ticéad páirceála.

Banphrionsa

Bhí a fhios aici go raibh a seansaol thart –
an chré thais faoina cosa
na duilleoga drúchtmhara á streachailt
ar a bealach chuig an tobar.

Ní raibh gach cailín ar an mbaile in ann snámh
ach mhúin mac an rí di
an lá ar gheall sí dó
a bheith mar chéad bhean aige.

Nuair a tháinig an long i dtír i Curaçao
thit a chodladh ar an oifigeach geal –
a lig di breathnú ar na réaltaí –
tar éis trí huaire as a chéile ina cuideachta.

Sciorr thar an taobh chuig saol nua i dtír nua,
áit a mbeadh uirthi margadh difriúil a dhéanamh
agus toisc go raibh tusa ar iompar aici,
thuig sí go mba dhéine ar fad an margadh sin.

Ní ar mire atá tú, fós

Níor chóir duit gearán.
Tugtar bia duit
is fágtar cúpla pótaire
mar chomhluadar agat.
Luíonn tú síos is soipríonn
duine acu é féin taobh thiar díot,
a ghlúine ag teagmháil
le d'ioscaidí.
A rud gan bhrí.

Is cuma leat faoi mo dhuine.
Is cuma leat faoin dream uilig
nach dtagann chuig d'áiléar
ach le titim ina gcodladh.
An t-aon ní a chuireann as duit
ná an bhuíon pháistí
a ghabhann thar bráid
gach maidin
is a léimeann amach as an spéirléas.

I riocht mná tí, teitheann tú
tríd an doras tosaigh.
Agus ar gcúl, san áit
ar shamhlaigh tú nach raibh tada,
síneann cearnóg amach,
í lán le tithe aoldaite.
Ina lár pub le fuinneoga arda,
dealbh thosaigh os cionn an dorais,
is seilfeanna le crúiscíní Tóibí.

Blaiseann tú boladh den fharraige
ag teacht anoir as Albain
is ar an ngaoth
cloiseann tú scairt an mhangaire éisc.

Faigheann tú bás agus téann chun na bhflaitheas

Agus nuair a thagann tú i dtír ann
tuigtear duit nár athraigh neamhní
ó laethanta Ádhaimh is Éabha i leith.

Ion-análaíonn tú an t-aer úr,
tugann faoi deara feithidí stríocacha
i mbun a ngnó féin i ndúlra nár cruthaíodh fós

pinc bréige nó gorm peitril ann.
Cuirtear i gcuimhne duit lá sna caogaidí
nuair a choisigh tú isteach sa chathair

agus áit éigin ar an tríú stór
d'fhoirgneamh i Sráid Grafton,
bhris sais, is thit fuinneog de phlab

anuas ar mhuineál clóscríobhaí
a bhí tar éis a cloigeann a shá amach
chun féachaint an raibh sé ina bháisteach.

Aithníonn tú anois í nuair a fheiceann tú
bean rua ag teacht id threo, ag fiafraí díot
de ghlór piachánach, an bhfuil dul amú ort.

Clár na dtaifeadtaí